AF236515

# WIRKLICHKEIT

# MEINER

# TRÄUME

Wundertütenpoet

VON

TINA HÜSCH

## DIE MÖGLICHKEITEN
## VON POESIE UND SEHNSUCHT

Bibliografische Information der Deutschen Nationalbibliothek: Die
Deutsche Nationalbibliothek verzeichnet diese Publikation in der
Deutschen Nationalbibliografie; detaillierte bibliografische Daten
sind im Internet über dnb.dnb.de abrufbar.

ISBN: 9783756235995

Herstellung und Verlag: BoD – Books on Demand, Norderstedt

# ABOUT ME

Ich mag alles, was anders ist, und liebe alles, was Macken hat.
Denn in der Individualität lebt die Besonderheit der Einzigartigkeit.
Ich spüre gerne den Duft der Blumen und schmecke die Musik auf meiner Haut.
Wenn alles um mich herum ruhig wird, dann wird es in mir laut und meine Geister erwachen.
Einmal erwacht, sind sie ständig auf der Suche nach neuen Abenteuern.
Meine Seele ist verzückt, wenn sie meinem Hund Anton beim Spielen im Garten zusehen kann, und gibt mit Fröhlichkeit zu, im Sommer immer dreckige Füße vom Barfußlaufen zu haben.
So ist mein Geist ein Stück Natur und meine Seele ein Ideenfunken im Meer der Möglichkeiten, wo mein Herz der Pirat ist, der den Kurs in Richtung aller Wunder angibt, auf dass das Leuchten in meinen Augen nie vergehen mag.

TINA

FÜR DEN TRÄUMER

IN MEINEM

KOPF ...

Für alle,

die wissen,

dass man niemals aufhören darf zu träumen,

da unsere Träume der Motor der Welt sind.

Für Dich,

weil Du erkannt hast,

dass Deine Träume Wirklichkeit werden können,

wenn Du nur fest genug an sie glaubst.

# INHALT

# EINBLICK, EINSICHT, ERKENNTNIS ...

Wenn unsere Träume aus unserer Vergangenheit uns als Wirklichkeit in der Zukunft begegnen, dann haben wir es geschafft, mit unseren Gedanken Wunder zu zaubern.

Unser Leben wird sich nämlich immer genauso gestalten, wie wir es in den Tiefen unserer Träume sehen. Aus diesem Grunde sollten wir hoch und weit träumen, an unsere eigene Seele glauben und ihr treu sein.

Denn nur das, an was wir wirklich glauben, hat die Kraft, uns in unserer Realität zu begegnen.

Wir sollten im Leben nie aufhören zu träumen, denn dort, wo unsere Träume leben, da wohnt auch unsere Phantasie und mit ihr die Möglichkeit, auch aus negativen Lebenssituationen etwas Wundervolles entstehen zu lassen.

Jeder Traum ist immer nur so lange ein Traum, bis man sich entscheidet, ihn zu verwirklichen, deshalb geh in Deinen Träumen spazieren und freunde Dich mit ihnen an, dann werden sie zur Wirklichkeit.

Deine Träume sind der Antrieb zur Erfüllung Deiner Wünsche, da all das, was in Deinem Kopf lebt, auch in Erfüllung gehen kann, wenn Du einen starken Glauben an die Kraft Deiner eigenen Seele hast!

So werden aus Deinen Träumen Ziele, und Du wirst diese in Deiner Zukunft erleben.

14

Träume haben niemals ein Verfallsdatum, hör deshalb nie mit dem Träumen auf, denn nur so kommen die Wunder in diese Welt.

Wunder kommen nämlich immer dann zu uns auf diese Welt, wenn wir unseren Träumen mehr Energie geben als unseren Ängsten.

Dadurch wird unser Blick in die positive Richtung wandern und wir werden imstande sein, die Dinge und Situationen ganz anders wahrzunehmen.

Träume sind nicht nur eine Eigenschaft unserer Existenz als Mensch, nein, sie sind mehr, sie sind überlebenswichtig für unsere Seele und unseren Geist.

Unser ganzes Sein erholt sich, wenn wir träumen, und dies nicht nur in der Nacht, wir brauchen viel mehr Tagträume, damit viel mehr Wunder zu uns auf die Erde kommen können.

In unseren Träumen haben wir die Möglichkeit, unserem Unterbewusstsein ganz nahe zu sein und dort den Samen für eine wundervolle Zukunft zu pflanzen.

Dies kann in unseren nächtlichen Träumen sein, doch Gleiches gilt auch für unsere Tagträume.

Genauso ist es auch möglich, sich die Welt seiner eigentlich unbewussten Träume bewusst zu machen und im Traum Dinge und Situationen zu erleben. Diese Träume nennt man luzide Träume. Sie finden immer dann statt, wenn sich unser Bewusstseins-Ich darüber klar wird, dass es eins ist mit seinem Traum-Ich. In einem solchen Traum kann man die Situationen, die sich in ihm ergeben, bewusst beeinflussen und weiß genau, dass man eigentlich schläft und träumt.

Nachdem man dann wieder aufgewacht ist, weiß man immer noch, dass man nur geträumt hat, und kann sich an alles ganz klar erinnern.

Somit ist luzides Träumen der erste Schritt, die eigene Zukunft nach den Wünschen der eigenen Seele zu gestalten.

Ein jeder von uns hat sie, die Träume, sie sind unerfüllte Wünsche, die zu Sehnsüchten werden und in unserem Dasein nur darauf warten, durch die Handlung des „Erträumens" zum Leben erweckt zu werden.

Die Frage nach dem größten Traum ist immer eine sehr persönliche Frage und sie legt immer ein Stückchen filigranes Seelenfragment frei.

Wir sollten viel mehr träumen und nach den Sternen greifen, denn die Zeit, die wir hier auf dieser Erde haben, ist nur kurz und ihr Inhalt wird einzig von uns alleine bestimmt.

Gerade deshalb sollten wir versuchen, unser Leben so farbenprächtig, wie es eben geht, zu gestalten, und versuchen, unsere Träume ins Leben zu ziehen.

Solange wir Träume haben, haben wir eine Geschichte, einen Lebenssinn, der uns wie ein Motor nach vorne bringt und das Leben zu einem faszinierenden Gefühl werden lässt.

Unser Leben braucht jeden Tag einen positiven kleinen Farbklecks, um unser Sein zum Leuchten zu bringen, und diese Farbkleckse sind in unseren Träumen versteckt.

Lebe so, dass die Vorstellungskraft Deiner **Wunschvorstellung** den Takt Deines Lebens angibt, denn dann werden aus Deinen Träumen Wunder in der Realität.

**W** – under

**U** – nbeschwert

**N** – eugier

**S** – chlaraffenland

**C** – harakter

**H** – eimat

**V** – ertrauen

**O** – ptimismus

**R** – ummelplatz

**S** – elbstbestimmung

**T** – iefgang

**E** – infallsreichtum

**L** – ebensfreude

**L** – achen

**U** – nendlichkeit

**N** – euanfang

**G** – edankenwelt

Wenn Du Deine **Wunder unbeschwert** genießen möchtest, musst Du nur mit **Neugier** in das **Schlaraffenland** Deiner Träume verreisen, um dort Deinen eigenen **Charakter** zu treffen.

Denn dieses Wunderland ist seine **Heimat**, dort leben **Vertrauen** und **Optimismus** auf dem **Rummelplatz** der eigenen Seele, um die **Selbstbestimmung** im **Tiefgang** des Seins zu erleben. So bringt Dir die Erkenntnis des eigenen **Einfallsreichtum**s die größte **Lebensfreude** und das schönste **Lachen**. Du bemerkst, dass Dein Leben **Unendlichkeit** bedeutet und dass Du immer wieder einen **Neuanfang** in Deiner eignen **Gedankenwelt** entstehen lassen kannst.

Liebe Deine Träume und liebe Dein Leben. Erkenne, wer Du wirklich bist, damit Du Dich selbst niemals vergisst.

# TRAUMREISE

Ich will bei mir sein,
in mir daheim
mit meiner Seele lachen
und in ihr ein Feuer entfachen.
Will das Glück schmecken
und die Träume beim Fliegen hören,
bis sie mir gehören.
So fühle ich die Fröhlichkeit in meinem Bauch
und meines Lebens Hauch.
Ich will mir treu sein,
will nicht mehr scheu sein,
alles soll neu sein.
Will endlich leben,
mich vor nichts mehr ergeben
und lachend durch meine Träume schweben,
bis wir zusammen die Wirklichkeit erleben!

Das Gefühl von sich erfüllenden Träumen ist außer der Liebe das schönste Gefühl, das wir Menschen kennen. Ich wünsche Dir ganz viele sich erfüllende Träume, damit dieses Gefühl auf Dauer in Dein Leben einziehen kann.

VERLASSE DAS REICH DEINER TRÄUME NIE, DENN IN IHM LEBT DIE SCHÖNSTE LEBENSMELODIE.

# ERSTER STREICH ...

In meinem **Wunderlebensmärchen** lebt mein **Traumsucher**, der meinem **Traumtänzer** dabei hilft, **Träume an, Welt aus** zu schalten, so dass der **Träumer in mir** in das eigene **Land der Phantasie** reisen kann.

So bin ich immer **Für Wunder bereit**, denn **Der größte Wunsch** meiner Seele ist eine **Bessere Welt. Kannst du mich verstehen?** wenn Du in meine Seele schaust?

Denn **Wo sind die Träume?** auf dieser Welt?

Ich möchte, dass wir wieder **An uns glauben** und unsere Wünsche in unser **Lebensbuch** schreiben.

# WUNDERLEBENSMÄRCHEN

Wo, wenn nicht in meinen Träumen?

Wann, wenn nicht jetzt?

Wer, wenn nicht ich?

Was, wenn nicht meine Wünsche?

So will ich aus den Möglichkeiten meines Lebens meine Träume machen

und Wunder entfachen,

will tanzen und Mut ernten

beim Sonnenuntergang im Hier und Jetzt, nicht irgendwann.

So fängt mein Wunderlebensmärchen an,

in dem mir jeder Traum gelang.

# TRAUMSUCHER

Ich bin ein Traumsucher,
Realitätsverflucher und Wunderbucher.
Kann hinter jeder Ecke einen Traum erkennen,
ihn benennen
und werde mich nie von seinen positiven Gefühlen trennen.
So ist meine Welt etwas bunter und gesunder,
denn alle Dinge sind etwas runder.
Als Traumsucher werde ich meine eigene Wirklichkeit finden
und meine Träume daran binden,
zusammen werden wir Richtung Horizont fliegen
und unterwegs Wunder kriegen.
Ich werde sie alle einsammeln
und lasse dann mein Leben von ihnen verwalten,
so wird der Traum, der nach mir sucht, mein Leben schön gestalten.

# TRAUMTÄNZER

Der Traumtänzer meiner Seele liebt es, ausgelassen zu tanzen.
Liebt das herrliche Glücksgefühl,
davon kriegt er nie zu viel.
Mag es, sich zur Musik zu bewegen
und durch die eigenen Träume zu schweben.
Da lebt in ihm der Cha-Cha-Cha
und der Rock 'n' Roll wird wahr.
Wenn so der Tango durch mein Blut wallt,
die Freude in meiner Seele knallt.

# TRÄUME AN, WELT AUS

Traum an, Welt aus
und raus aus dem Haus.
Rein ins Meer der Möglichkeiten,
denn so lernst du zu leben,
lass dich treiben mit den Wellen,
so kannst du beim Universum alles bestellen.

# TRÄUMER IN MIR

Jeder sollte einen Träumer in sich haben,
er hilft uns, am Unheil der Welt nicht zu verzagen,
so kann man viel Leid ertragen,
denn mit einem Träumer an der Hand
schaut das Unheil nur gebannt
und ist auf des Träumers Wünsche gespannt.
So schaut dann das Leben beim Leben zu
und die Sorgen vergehen im Nu.

# LAND DER PHANTASIE

In meinem Land der Phantasie,
da sterben meine Träume nie.
Zu großen Wundern werden sie
für meines Lebens Philosophie
und erklingen in ihrer eigenen Melodie.
So liebe ich mein Wunderland
und bau mir Träume an den Strand.

# FÜR WUNDER BEREIT

Neben mir sitzen ganz viele angefangene Wunder,
warten auf die Funken meiner Phantasie
für die große Traumstrategie.
Wollen ausziehen und anfangen,
niemals mehr vor Sorge bangen,
fühlen sich endlich nicht mehr gefangen.
So haben sie meine Welt angehalten,
um den Frohsinn zu verwalten
und alle Glücke neu zu gestalten.

30

# DER GRÖSSTE WUNSCH

Der größte Traum ist der größte Wunsch,
die größte Sehnsucht und die größte Freude.
Das alles wissen wir nicht erst seit heute,
dieses Wissen ist unendlich alt
und hat unendlich viel Gewalt.
Wir alle tragen es in unsren Herzen,
nur vergessen wir's zu oft.
Doch wir sollten diesem Wissen Platz verschaffen,
ohne nur noch mehr zu raffen,
so können wir es endlich schaffen,
frei aus unsrem Herzen zu leben,
und es fühlt sich an wie Schweben.

# BESSERE WELT

Ich träume von einer besseren Welt
in einer besseren Zeit,
in der der Frieden bleibt
und ein Traum alles Negative vertreibt.
Eine Welt, wie sie mir gefällt,
bevor alles zerfällt.
So erträum ich mir ein Sein
im endlos schönen Sonnenschein,
in dem die Zufriedenheit tanzt
und sich jedes Unglück verschanzt,
so dass nur noch Schönes übrigbleibt
und ein Lachen den Schmerz der Welt vertreibt!

# KANNST DU MICH VERSTEHEN?

Du musst an deinem Traum festhalten,
um auf deinem Lebensweg zu bleiben
und die Seele nicht zu spalten,
denn nur so kannst du deine Lebensgeister bereithalten,
um deine Zukunft zu gestalten.
Dadurch lebst du deinen Traum
und träumst nicht nur dein Leben.
So erlaubst du allen Träumen,
niemals zu vergehen.
Kannst du mich verstehen?

# WO SIND DIE TRÄUME?

Wo sind die Träume, wenn Menschen streiten?
Wo sind die Träume, wenn Menschen leiden?
Wo sind die Träume in heutigen Zeiten?
Wir müssen wieder an sie glauben,
damit wir uns nicht selbst die Zukunft rauben.

# AN UNS GLAUBEN

Wenn wir alle wieder mehr an uns glauben
und der Hoffnung nicht ihre Zuversicht rauben,
wieder mehr ins Leben vertrauen
und uns selbst nicht das Lachen versauen,
werden wir uns selbst wieder mehr vertrauen
und Traumschlösser im Leben bauen,
man braucht nur ein wenig Selbstvertrauen,
dann kann man auf das Fundament der Seele bauen.

# LEBENSBUCH

In mein Lebensbuch schreib ich die schönsten Wünsche,
so bekommt mein Sein die besten Trümpfe.
Notiere all meine Bitten,
lass sie meine Ängste wegschicken,
auf dass mein Verlangen wird gestillt
für meiner Sehnsucht Hoffnungswillen.
Lass mich festhalten die besten Zeilen,
um noch etwas zu verweilen,
so können meine Träume die Sehnsüchte teilen,
um in meinen Zeilen zu verweilen.

# ERKENNTNISSE DES ERSTEN STREICHS ...

KENNST Du Deinen Traumsucher?
Kennst Du Deinen Traumtänzer?
Notiere ihre Namen hier, dann wird aus Euch DREIEN ein
Wirklichkeits-WIR!

. . . . . . . . . . . . . . . . . . . . . . . . . . . . . . . . . . . . . .
. . . . . . . . . . . . . . . . . . . . . . . . . . . . . . . . . . . . . .
. . . . . . . . . . . . . . . . . . . . . . . . . . . . . . . . . . . . . .
. . . . . . . . . . . . . . . . . . . . . . . . . . . . . . . . . . . . . .
. . . . . . . . . . . . . . . . . . . . . . . . . . . . . . . . . . . . . .
. . . . . . . . . . . . . . . . . . . . . . . . . . . . . . . . . . . . . .
. . . . . . . . . . . . . . . . . . . . . . . . . . . . . . . . . . . . . .
. . . . . . . . . . . . . . . . . . . . . . . . . . . . . . . . . . . . . .
. . . . . . . . . . . . . . . . . . . . . . . . . . . . . . . . . . . . . .
. . . . . . . . . . . . . . . . . . . . . . . . . . . . . . . . . . . . . .
. . . . . . . . . . . . . . . . . . . . . . . . . . . . . . . . . . . . . .
. . . . . . . . . . . . . . . . . . . . . . . . . . . . . . . . . . . . . .
. . . . . . . . . . . . . . . . . . . . . . . . . . . . . . . . . . . . . .
. . . . . . . . . . . . . . . . . . . .
. . . . . . . . . . . . . . . . . . . .
. . . . . . . . . . . . . . . . . . . .
. . . . . . . . . . . . . . . . . . . .
. . . . . . . . . . . . . . . . . . . .
. . . . . . . . . . . . . . . . . . . .

40

# ZWEITER STREICH ...

Da leben so viele wundervolle Träume in Dir, Du musst sie nur zum Leben erwecken.

**LASS DEINE TRÄUME WIRKLICHKEIT WERDEN, SO KANN NICHTS DEINE SEELE GEFÄHRDEN.**

Es gibt **Milliarden von Träumern**, die einen **Wirklichkeitstraum** träumen, der niemals zu **Seelenschaum** zerfällt.

Es ist der **Motor des Lebens**, die **Bewegung der Hoffnung** und der **Flug des Geistes**.

Der **Traumrocker** in mir kann auch **Im Dunkeln** einen **Regenbogen** hören und das **Knistern in der Luft** schmecken.

So kann selbst **Der alte Gaul** zum Traumprinz werden.

# MILLIARDEN VON TRÄUMERN

Ich bin ein Träumer, doch ich bin nicht allein,
außer mir werden noch Milliarden von Träumern auf der Erde sein.
Denn nur so kommt die Lebensfreude rein
und kein Glück ist mehr allein.

# WIRKLICHKEITSTRAUM

Aus dem Land unserer Träume können wir nicht vertrieben werden,
wir dürfen dort leben, bis wir sterben,
uns so immer neue Träume bescheren
und niemand wird sich je beschweren.
So lasst uns unsere Träume ehren,
damit sie zur Wirklichkeit werden.

# SEELENSCHAUM

Einst warst du mein Traum,
doch jetzt bist du nur noch Seelenschaum.
Hast in meinen Gedanken gelebt,
bist so durch meinen Tag geschwebt.
Doch dann habe ich das Träumen sein lassen,
so konntest du keinen Fuß mehr fassen
und alle Bilder von dir fangen an zu verblassen.

# MOTOR DES LEBENS

Träume sind der Motor unseres Lebens,
durch sie setzen wir uns in Bewegung,
erkennen unsere eigene Bestrebung
und bitten die Lethargie um Vergebung.

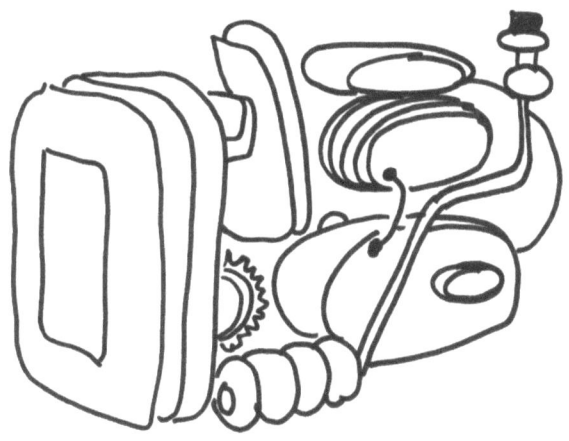

# BEWEGUNG DER HOFFNUNG

Wer seinen Träumen nicht erlaubt zu leben,
wird sich nie dem Frohsinn hingeben.
Wird alles nur als Zwang erleben
und nie durch sein Leben schweben.
Ich find das vollkommen daneben,
denn Träume wollen uns doch Hoffnung geben
und nur mit ihnen kann man was bewegen.

# FLUG DES GEISTES

In meinem Kopf lebt eine Träumerei,
sie macht mein Sein so herrlich frei,
so hab ich immer alle Wünsche dabei.
Durch sie hat mein Geist gelernt zu fliegen,
neue Freude zu kriegen
und alle Ängste zu besiegen.
So leben die Wunder in mir
und sind meines Lebens Zier.

# TRAUMROCKER

Für den Traumrocker meiner Seele,
er lässt nie locker,
dafür möchte ich „Danke" sagen.
Er hat ständig neue Fragen,
die mich immer weiterbringen
und in meinem Innern klingen.
So werde ich neue Träume gewinnen,
sie in die Wirklichkeit einschwingen,
fröhlich bunte Lieder singen
und mein Lebensglück gewinnen.

#  Im Dunkeln

In unsren Träumen ist Glitzer versteckt,
der lässt sie so schön funkeln,
deshalb leben Träume auch im Dunkeln.
Sind sie mal zu einem Tagtraum geworden,
haben sie es geschafft,
sich in der Wirklichkeit einzunorden.
Man hört es an den neuen Akkorden.
So lebt der Traum im Dunkel versteckt
und wartet, bis der Tag ihn weckt!

# REGENBOGEN

Der Regenbogen des Lebens endet dort, wo Träume wahr werden
und zu uns kommen auf Erden.
An dieser Stelle lacht das Kunterbunt
und es tanzt der Wunsch
sich die Füße wund.
So wird das Sein erst interessant,
wenn die Wirklichkeit hat die Möglichkeit erkannt,
alles zu sein, was sie will,
denn die Zeit steht niemals still.
Lass sie jetzt tanzen, deine Seele,
damit sie das Ziel niemals verfehle.

# KNISTERN IN DER LUFT

Blauer Himmel, ein Knistern in der Luft
und ein Leuchten der Sonne, das nach mehr Meer ruft.
So fangen viele Träume an,
bringen das Leuchten der Seele voran
mit ein bisschen Magie
vergeht der Sommer im Herzen nie.
So lebt das Leuchten in deinen Augen,
du musst nur fest an deine Träume glauben.
Dann wirst du der Zukunft die Ungewissheit rauben.

# DER ALTE GAUL

Was ist bloß aus dem Traumprinz geworden,
geblieben ist nur der alte Gaul,
zum Träumen einfach viel zu faul.
Lasst uns wieder einen Prinzen erträumen
und ihn suchen in den Räumen der unendlich großen Möglichkeit,
jederzeit zum Traum bereit.
Doch was machen wir bloß mit dem alten Gaul namens Paul?

# ERKENNTNISSE DES ZWEITEN STREICHS ...

WELCHE Träume leben in Dir und werden immer einen Regenbogen in Deiner Seele entfachen?
Schreibe hier das Drehbuch Deiner Träume nieder, dann begegnen sie Dir in Deiner Zukunft als Realität wieder.

. . . . . . . . . . . . . . . . . . . . . . . . . . . . . . . . . . . . . . . . . . . . . .
. . . . . . . . . . . . . . . . . . . . . . . . . . . . . . . . . . . . . . . . . . . . . .
. . . . . . . . . . . . . . . . . . . . . . . . . . . . . . . . . . . . . . . . . . . . . .
. . . . . . . . . . . . . . . . . . . . . . . . . . . . . . . . . . . . . . . . . . . . . .
. . . . . . . . . . . . . . . . . . . . . . . . . . . . . . . . . . . . . . . . . . . . . .
. . . . . . . . . . . . . . . . . . . . . . . . . . . . . . . . . . . . . . . . . . . . . .
. . . . . . . . . . . . . . . . . . . . . . . . . . . . . . . . . . . . . . . . . . . . . .
. . . . . . . . . . . . . . . . . . . . . . . . . . . . . . . . . . . . . . . . . . . . . .
. . . . . . . . . . . . . . . . . . . . . . . . . . . . . . . . . . . . . . . . . . . . . .
. . . . . . . . . . . . . . . . . . . . . . . . . . . . . . . . . . . . . . . . . . . . . .
. . . . . . . . . . . . . . . . . . . . . . . . . . . . . . . . . . . . . . . . . . . . . .
. . . . . . . . . . . . . . . . . . . . . . . . . . . . . . . . . . . . . . . . . . . . . .
. . . . . . . . . . . . . . . . . . . . . . . . . . . . . . . . . .
. . . . . . . . . . . . . . . . . . . . . . . . . . . . . . . . . .
. . . . . . . . . . . . . . . . . . . . . . . . . . . . . . . . . .
. . . . . . . . . . . . . . . . . . . . . . . . . . . . . . . . . .
. . . . . . . . . . . . . . . . . . . . . . . . . . . . . . . . . .
. . . . . . . . . . . . . . . . . . . . . . . . . . . . . . . . . .

# DRITTER STREICH ...

Der Wirklichkeitstraum Deiner Seele wird Dir immer eine wundervolle Zukunft schenken, wenn Du ihm genügend Platz einräumst.

## KOMM UND FANG ZU TRÄUMEN AN, IM HIER UND JETZT, NICHT ERST IRGENDWANN.

Das **Kunterbunt der Träume** will **Einfach schweben** und **Unsichtbar** mit einem **Engelslachen** in **Blickrichtung Horizont** die **Trübsal unter der Treppe** vertreiben.

So kann der **Samen der Wirklichkeit** die **Phantasievorstellung meiner Illusion** mit **Flausenlachen** erfüllen und **Meine Phantasie** wird gleichzeitig von **Unten und oben** meine Traumwelt erobern.

# KUNTERBUNT DER TRÄUME

Träume sind immer kunterbunt
und erscheinen nur von außen rund.
In ihnen leben kleine Ecken,
in denen sich die Hoffnungen verstecken,
denn dadurch bleiben sie am Leben
und schaffen es, sich in unsere Gedanken zu stehlen,
wo sie ihr Kunterbunt freilassen,
um alle Sorglosigkeiten nicht zu verpassen.

# EINFACH SCHWEBEN

Alles darf man aufgeben, doch seine eigenen Träume nie,
das ist die beste Lebensstrategie,
so vergeht die Freude nie.
Suche nach den schönsten Träumen,
lass sie durch deine Seele gleiten,
halt es fest, das herrliche Gefühl.
So wird der Traum in dir lebendig
und die Freude wird beständig,
alles Schöne erwacht zum Leben
und in deinen Gedanken werden neue Träume schweben.
So entstehen Traumleben.

# UNSICHTBAR

Man kennt nicht jeden seiner Träume,
manchmal sind sie unsichtbar
und erschrecken sich gar,
wenn sie von uns beobachtet werden,
da sie Angst haben, ihr Sein zu gefährden.
So leben sie unter uns auf Erden
und wollen zur Wirklichkeit werden.

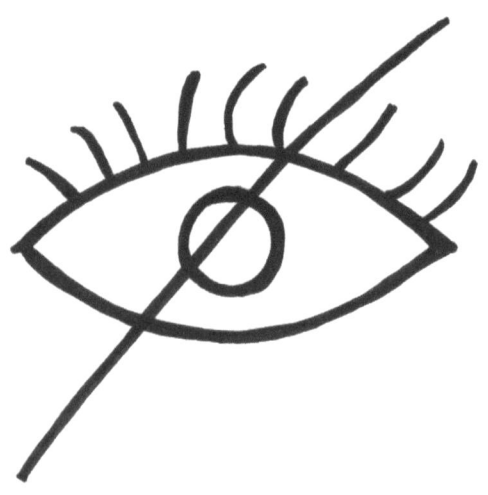

# ENGELSLACHEN

Meine Träume können fliegen,
alles Schwere besiegen
und sich in meinen Wünschen in Sicherheit wiegen.
Werde sie verteidigen mit aller Macht,
sind sie doch aus Engelslachen gemacht
und geben auf meine Seele acht.

# BLICKRICHTUNG HORIZONT

Ein Lebenstraum ist ein Lebensziel,
da wird einem nichts zu viel.
Den Blick Richtung Horizont
lacht des Himmels Blau gekonnt,
hat es sich doch gerad gesonnt.
Ein Lebenstraum will Wahrheit werden
und glücklich sein hier auf Erden.
Denn für das tiefe Himmelsblau
ist der Alltag doch zu grau.

# TRÜBSAL UNTER DER TREPPE

Hör auf zu reden, fang zu träumen an,
verschieb es nicht auf irgendwann,
dann können deine Träume Wirklichkeit werden
und keiner braucht sich mehr über irgendwas zu beschweren.
So können wir die Trübsal unter die Treppe kehren,
und das Leben wird uns nichts mehr verwehren.

# SAMEN DER WIRKLICHKEIT

Das, was du erträumst, ist der Samen für deine Wirklichkeit
in der dir bevorstehenden Zeit.
So träume nur die schönsten Gedanken,
damit hilfst du der Zukunft, die höchsten Bäume zu pflanzen.

# PHANTASIEVORSTELLUNG
## MEINER ILLUSION

Die Phantasievorstellung meiner Illusion
ist meine ganz eigene Vision.
Sie ist das Wunschdenken der Utopie,
und die vergeht in meiner Seele nie.
So ist die Wunschvorstellung mein Sehnsuchtsgespinst,
das sich mit meinem Geist einen grinst.
Da lebt in mir diese wundervolle Fiktion,
ist Luftschloss und Spekulation für mein Phantom,
das in meiner Traumwelt lebt
und die Einbildung anregt.
So schwebt meine eigene Seifenblase
und bringt mein Leben in Ekstase,
für die Phantasievorstellung meines Seins,
denn da sind meine Träume daheim.

# FLAUSENLACHEN

Wenn mich morgens die Sonne weckt,
ein Traum sich in mein Leben streckt
und in mir die Freude weckt.
Dann bin ich mein eigenes Kunterbunt,
meine Seele fühlt sich rund.
Kann meine Flausen lachen hören
und werd mir selbst die Freude schwören,
so wird mein Leben mir gehören.

67

# MEINE PHANTASIE

Müde bin ich, schließe meine Augen zu,
so können die Träume zu mir kommen,
ich fühle mich schon ganz benommen.
Hat mich meine Phantasie doch mitgenommen
in mein eigenes Wunderland,
wo die Hoffnung sprüht Träume an jede Wand
und gebannt schaut meine Kreativität zu
und lernt das Träumen im Nu!

# UNTEN UND OBEN

Schau nach links und träum nach rechts.
Schau nach unten, streb nach oben,
die entgegengesetzten Richtungen werden sich lohnen,
denn schließlich willst du alle Glücke klonen.
Dafür musst du sie erst einfangen,
sind sie doch vor langer Zeit schon ausgegangen.
So wirst du sie in deinem Geist bewahren
und liebevoll mit ihnen verfahren,
so leben sie in deinem Herzen noch in Jahren
und du bist dir im Klaren,
dass das Leben überall seine Chancen versteckt
und ein großes Wunder aus der kleinsten Ritze sein Köpfchen streckt
und den Traum in dir erweckt.

# ERKENNTNISSE DES DRITTEN STREICHS ...

WIE heißt die Phantasievorstellung Deiner Träume, und hat Deine Phantasie genügend Räume für das Kunterbunt Deiner Träume?
Schreib hier alle Farben nieder, dann kehrt Dein Traum in der Wirklichkeit wieder.

. . . . . . . . . . . . . . . . . . . . . . . . . . . . . . . . . . . . . . . . . . . .
. . . . . . . . . . . . . . . . . . . . . . . . . . . . . . . . . . . . . . . . . . . .
. . . . . . . . . . . . . . . . . . . . . . . . . . . . . . . . . . . . . . . . . . . .
. . . . . . . . . . . . . . . . . . . . . . . . . . . . . . . . . . . . . . . . . . . .
. . . . . . . . . . . . . . . . . . . . . . . . . . . . . . . . . . . . . . . . . . . .
. . . . . . . . . . . . . . . . . . . . . . . . . . . . . . . . . . . . . . . . . . . .
. . . . . . . . . . . . . . . . . . . . . . . . . . . . . . . . . . . . . . . . . . . .
. . . . . . . . . . . . . . . . . . . . . . . . . . . . . . . . . . . . . . . . . . . .
. . . . . . . . . . . . . . . . . . . . . . . . . . . . . . . . . . . . . . . . . . . .
. . . . . . . . . . . . . . . . . . . . . . . . . . . . . . . . . . . . . . . . . . . .
. . . . . . . . . . . . . . . . . . . . . . . . . . . . . . . . . . . . .
. . . . . . . . . . . . . . . . . . . . . . . . . . . . . . . . . . . . .
. . . . . . . . . . . . . . . . . . . . . . . . . . . . . . . . . . . . .
. . . . . . . . . . . . . . . . . . . . . . . . . . . . . . . . . . . . .
. . . . . . . . . . . . . . . . . . . . . . . . . . . . . . . . . . . . .
. . . . . . . . . . . . . . . . . . . . . . . . . . . . . . . . . . . . .
. . . . . . . . . . . . . . . . . . . . . . . . . . . . . . . . . . . . .

74

# VIERTER STREICH ...

Demjenigen, der große Träume hat, dem gehört die Welt.

## LASS DEINE TRÄUME AN GRÖSSE GEWINNEN, DANN WERDEN SIE NEUE WUNDER ERSINNEN.

Wenn man genügend **Traumliebe** für den eigenen **Traumfinder** besitzt, wird das **Traumerwachen** zum **Unheilsausgrenzer** werden.

Dadurch können **Meine liebsten Flausen Immer neue Träume** von **Glück und Freude** entstehen lassen.

**Hör niemals auf ...**, die **Chance der Phantasie** eine **Wunschvorstellung** geben zu lassen.

So kann man **Das Unglück erschrecken** und ein für alle Mal eine **Zeiterhellung** für die Welt bestellen.

# TRAUMLIEBE

Pflück dir die Träume von den Bäumen,
dann hast du immer neue Räume
für immer neue Träume,
auf dass dein Leben nichts versäume,
lebe deine Träume.

# TRAUMFINDER

In mir lebt ein Traumfinder
für alle meine inneren Kinder.
Ein Märchenversteher und niemals In-die-falsche-Richtung-Geher.
Ich bin der Tanzbär meines eigenen Seins
und lass nie ein Unglück rein,
so geht das wahre Glücklichsein,
wenn du bist in dir daheim.
Denn der Traumfinder wird dir immer neue Hoffnung geben,
so lernst du von ihm das Leben.

# TRAUMERWACHEN

Und immer, wenn ein Traum erwacht,
es tief in meiner Seele lacht.
So lebt der Traum in meinem Herzen
und freut sich darüber, mit mir zu scherzen.

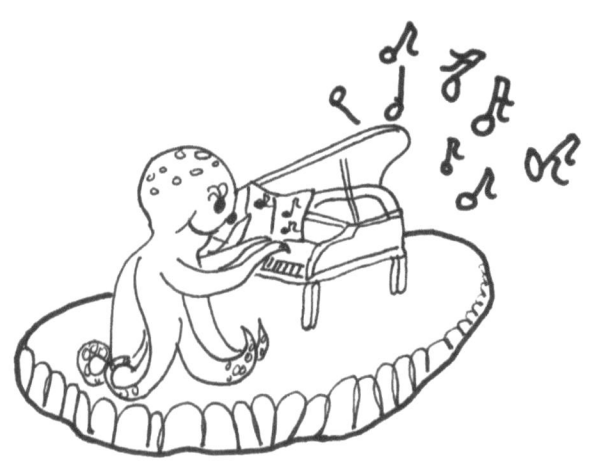

# UNHEILSAUSGRENZER

Ich bin ein Traumtänzer, Schlechte-Laune-Schwänzer
und Unheilsausgrenzer.
So bin ich lebenslustig und nach Freude süchtig,
bin harmoniebedacht,
da in mir Fröhlichkeit wacht.
So geb ich auf den Tänzer meiner Träume acht,
damit immer das Leben mit mir lacht!

# MEINE LIEBSTEN FLAUSEN

Träume heißen meine liebsten Flausen,
mit ihnen lass ich alle Trübsal sausen
und brauche nicht mehr aufzubrausen,
so komm ich an mein Ziel
in meines Lebens Spiel,
weil mir das Bild meiner Flausen so gut gefiel.

# IMMER NEUE TRÄUME

Mein größter Traum ist es, immer neue Träume zu haben
und mich in ihren Wundern zu baden.
So kommt die Freude in meine Seele,
auf dass die Sehnsucht nie vergehe.
Denn sobald sich ein Traum erfüllt,
stirbt eine kleine Sehnsucht sacht,
mitten in der Nacht,
deshalb muss es immer wieder neue Träume geben,
damit die Sehnsucht bleibt am Leben.

# GLÜCK UND FREUDE

Das Leben ist immer so zu dir
wie du zu ihm,
also hilf deiner Phantasie beim Träumeerziehen,
dann werden alle Sorgen fliehen
und dir vom Glück viel Freude geliehen.
Übernimm die Verantwortung für dein Leben,
dann wird es dir immer Sonne geben,
so kannst du nach deinen Träumen streben
und sie leben.

# HÖR NIEMALS AUF ...

Hör niemals auf, dir das zu wünschen,
was du in deinen Träumen siehst.
Hör niemals auf, an das zu glauben,
was du in deinem Herzen fühlst.
Hör niemals auf, du selbst zu sein,
denn nur so bist du in dir daheim.

# CHANCEN DER PHANTASIE

In jeder Chance schläft ein Traum,
du musst nur daran glauben,
dann wirst du staunen.
Denn Träume sind nie wirklichkeitsscheu,
sondern unendlich treu,
mit Hang zur Magie,
dafür brauchst du nur Phantasie.
So vertraue deinem Traum,
leg all deinen Glauben hinein,
dann wird er bald schon bei dir sein,
sich von seiner besten Seite zeigen
und mit der Realität vereinen,
so wird die Sonne für dich scheinen
und es nur gut mit dir meinen.

# WUNSCHVORSTELLUNG

Meine Wunschvorstellung ist kein Hirngespinst,
auch wenn mein Hirn ein wenig spinnt,
erweckt es doch meine Träume zum Leben
und hilft ihnen, in mein Leben zu schweben.
So kann ich mir selbst immer wieder neue Hoffnung geben
und halte das Schöne am Leben.

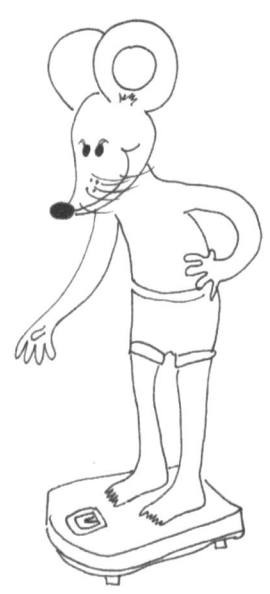

# DAS UNGLÜCK
# ERSCHRECKEN

Du musst nur an deine Träume glauben,
dann kann dir niemand die Hoffnung rauben.
Deinen Traum zum Leben erwecken
und damit alles Unglück erschrecken.
So kannst du deine Lebensgeister necken.

# ZEITERHELLUNG

Ein Traum ist nur so lange ein Traum,
bis du ihm erlaubst, in der Realität zu leben.
Dort wird er zu Wirklichkeit
und erhellt deine Zeit,
dann ist es nicht mehr weit
für ein Wunder in der Wirklichkeit.
Sei dazu bereit!

# ERKENNTNISSE DES VIERTEN STREICHS ...

DAS Leben braucht immer eine große Chance für die Phantasie, denn sie beantwortet die Frage nach dem großen WIE.
Schreib hier Deine Wunschvorstellung nieder, dann singt sie Deines Lebens Lieder.

. . . . . . . . . . . . . . . . . . . . . . . . . . . . . . . . . . . . . . . . . . . . . . . . . . .
. . . . . . . . . . . . . . . . . . . . . . . . . . . . . . . . . . . . . . . . . . . . . . . . . . .
. . . . . . . . . . . . . . . . . . . . . . . . . . . . . . . . . . . . . . . . . . . . . . . . . . .
. . . . . . . . . . . . . . . . . . . . . . . . . . . . . . . . . . . . . . . . . . . . . . . . . . .
. . . . . . . . . . . . . . . . . . . . . . . . . . . . . . . . . . . . . . . . . . . . . . . . . . .
. . . . . . . . . . . . . . . . . . . . . . . . . . . . . . . . . . . . . . . . . . . . . . . . . . .
. . . . . . . . . . . . . . . . . . . . . . . . . . . . . . . . . . . . . . . . . . . . . . . . . . .
. . . . . . . . . . . . . . . . . . . . . . . . . . . . . . . . . . . . . . . . . . . . . . . . . . .
. . . . . . . . . . . . . . . . . . . . . . . . . . . . . . . . . . . . . . . . . . . . . . . . . . .
. . . . . . . . . . . . . . . . . . . . . . . . . . . . . . . . . . . . . . . . . . . . . . . . . . .
. . . . . . . . . . . . . . . . . . . . . . . . . . . . . . . . . . . . . . . . . . . . . . . . . . .
. . . . . . . . . . . . . . . . . . . . . . . . . . . . . . . . . . . . . . . . . . . . . . . . . . .
. . . . . . . . . . . . . . . . . . . . . . . . . . . . . . . . . . . . . . . . . . . . . . . . . . .
. . . . . . . . . . . . . . . . . . . . . . . . . . . . . . . . . . . . . . . . . . . . . . . . . . .
. . . . . . . . . . . . . . . . . . . . . . . . . . . . . . . . . . . . . . . . . . . . . . . . . . .
. . . . . . . . . . . . . . . . . . . . . . . . . . . . . . . . . . . . . . . . . . . . . . . . . . .
. . . . . . . . . . . . . . . . . . . . . . . . . . . . . . . . . . . . . . . . . . . . . . . . . . .
. . . . . . . . . . . . . . . . . . . . . . . . . . . . . . . . . . . . . . . . . . . . . . . . . . .

# SCHLUSSHOFFNUNG

Ich hoffe,
dass dieses Büchlein Dich in die wundervolle Welt
Deiner Träume entführen konnte,
von wo aus Du immer die Möglichkeit hast,
Dein Leben zum Besseren zu gestalten.
Mögen große Träume
vor Deinem inneren Auge erscheinen
und ein Mutausbruch Deiner Seele dabei helfen,
diese zu verwirklichen.
Bis bald,
wenn mein Kunterbunt
Dir seine schwarzen Seiten zeigt.

# Wundertütenpoet

Besuche mich auf

www.wundertuetenpoet.de